Y 5969
A

Réserve

DESSEINS
DE LA
TOISON D'OR,
TRAGEDIE.

Representée par la Troupe Royale du Marefts, chez M^r le Marquis de Sourdeac, en fon Chafteau du Neufbourg, pour réjoüiffance publique du Mariage du Roy, & de la Paix auec l'Efpagne, & en fuite fur le Theatre Royal du Marefts.

Imprimé à ROVEN, Et fe vend
A PARIS,

Chez { Avgvstin Covrbé, au Palais, en la Gallerie des Merciers, à la Palme.
Et
Gvillavme de Lvyne, Libraire Iuré, dans la mefme Gallerie, à la Iuftice.

M. DC. LXI.
AVEC PRIVILEGE DV ROY.

DESSEINS
DE LA
TOISON D'OR,
TRAGEDIE.

Representéé par la Troupe Royale du Marests, chez M.^{r} le Marquis de Sourdeac, en son Chasteau du Neufbourg, pour réjoüissance publique du Mariage du Roy, & de la Paix auec l'Espagne, & en suite sur le Theatre Royal du Marests.

Imprimé à ROVEN, Et se vend

A PARIS,

Chez
{
AVGVSTIN COVRBE', au Palais, en la Gallerie des Merciers, à la Palme.
Et
GVILLAVME DE LVYNE, Libraire Iuré, dans la mesme Gallerie, à la Iustice.
}

M. DC. LXI.
AVEC PRIVILEGE DV ROY.

ARGVMENT.

'ANTIQVITE' n'a rien fait passer jusqu'à nous qui soit si generalement connu que le voyage des Argonautes, mais comme les Historiens qui en ont voulu démesler la verité dans la Fable qui l'enuelope, ne s'accordent pas en tout, & que les Poëtes qui l'ont embelly de leurs fictions, n'ont pas pris la mesme route, j'ay crû que pour faciliter au Spectateur l'intelligence entiere de ce Sujet, il estoit à propos de l'aduertir de quelques particularitez, où ie me suis attaché, qui peut-estre ne sont pas connuës de tout le monde. Elles sont pour la pluspart tirées de *Valerius Flaccus*, qui en a fait vn Poëme Epique en Latin.

Phryxus estoit fils d'Athanias Roy de Thebes, & de Nephelé, qu'il repudia pour espouser Ino. Cette seconde femme persecuta si bien ce ieune Prince, qu'il fut obligé de s'enfuïr sur vn mouton dont la laine estoit d'or, que sa mere luy donna aprés l'auoir receu de Mercure. Il le sacrifia à Mars, si-tost qu'il fut abordé à Colchos, & luy en appendit la dépoüille dans vne forest qui luy estoit consacrée. Aætes fils du Soleil, & Roy de cette Prouince, luy donna pour femme Chalciope sa fille aisnée, dont il eut quatre fils, & mourut quelque temps aprés. Son Ombre apparut en suite à ce Monarque, & luy reuela que le destin de son Estat dépendoit de cette Toison, qu'en mesme temps qu'il la perdroit il perdroit aussi son Royaume, & qu'il estoit resolu dans le Ciel que Medée son autre fille auroit vn époux estranger. Cette prediction fit deux effets. D'vn costé Aætes, pour conseruer cette Toison, qu'il voyoit si necessaire à sa propre conseruation, vou-

ARGVMENT.

lut en rendre la conqueste impossible par le moyen des charmes de Circé sa sœur, & de Medée sa fille. Ces deux sçauantes Magiciennes firent en sorte, qu'on ne pouuoit s'en rendre maistre, qu'aprés auoir dompté deux Taureaux, dont l'haleine estoit toute de feu, & leur auoir fait labourer le champ de Mars, où en suite il falloit semer des dens de Serpent, dont naissoient aussi-tost autant de Gensdarmes, qui tous ensemble attaquoient le temeraire qui se hazardoit à vne si dangereuse entreprise : & pour dernier peril, il falloit combatre vn Dragon qui ne dormoit iamais, & qui estoit le plus fidelle & le plus redoutable gardien de ce tresor. D'autre costé les Rois voisins jaloux de la grandeur d'Aætes, s'armerent pour cette conqueste, & entre autres Perses son frere, Roy de la Chersonese Taurique, & fils du Soleil comme luy. Comme il s'appuya du secours des Scytes, Aætes emprunta celuy de Styrus Roy d'Albanie, à qui il promit Medée, pour satisfaire à l'ordre qu'il croyoit en auoir receu du Ciel par cette ombre de Phryxus. Ils donnoient bataille, & la victoire panchoit du costé de Perses, lors que Iason arriua suiuy de ses Argonautes dont la valeur la fit tourner du party contraire, & en moins d'vn mois ces Heros firent emporter tant d'auantages au Roy de Colchos sur ses ennemis, qu'ils furent contraints de prendre la fuite, & d'abandonner leur camp. C'est icy que commence la Piece, mais auant que d'en venir au détail, il faut dire vn mot de Iason, & du dessein qui l'amenoit à Colchos.

Il estoit fils d'Aeson Roy de Thessalie, sur qui Pelias son frere auoit vsurpé ce Royaume. Ce Tyran estoit fils de Neptune & de Tyro, fille de Salmonée, qui épousa en suite Cretheus pere d'Aeson, que ie viens de nommer. Cette vsurpation luy donnant la deffiance ordinaire à ceux de sa sorte, luy rendit suspect le courage de Iason son nepueu, & legitime heritier de ce Royaume. Vn Oracle qu'il receut le confirma dans

ses

ARGVMENT.

ses soupçons, si bien que pour l'éloigner, ou plustost pour le perdre, il luy commanda d'aller conquerir la Toison d'or, dans la croyance que ce Prince y periroit, & le laisseroit par sa mort paisible possesseur de l'Estat, dont il s'estoit emparé. Iason par le conseil de Pallas fit bastir pour ce fameux voyage le Nauire Argo, où s'embarquerent auec luy quarante des plus vaillans de toute la Grece. Orphée fut du nombre, auec Zethez & Calaïs, fils du Vent Borée, & d'Orithie Princesse de Thrace, qui estoient nez auec des aisles comme leur pere, & qui par ce moyen deliurerent en passant Phinée des Harpyes, qui fondoient sur ses viandes, si-tost que sa table estoit seruie, & leur donnerent la chasse par le milieu de l'air. Ces Heros durant leur voyage receurent beaucoup de faueurs de Iunon, & de Pallas, & prirent terre à Lemnos, dont estoit Reine Hypsipile, où ils tarderent deux ans, pendant lesquels Iason fit l'amour à cette Reine, & luy donna parole de l'épouser à son retour; ce qui ne l'empescha pas de s'attacher auprés de Medée, & de luy faire les mesmes protestations si-tost qu'il fut arriué à Colchos, & qu'il eust veu le besoin qu'il en auoit. Ce nouuel amour luy reüssit si heureusement, qu'il eut d'elle des charmes pour surmonter tous ces perils, & enleuer la Toison d'or malgré le Dragon qui la gardoit, & qu'elle assoupit. Vn Autheur que cite le Mithologiste Noël le Comte, & qu'il appelle Denis le Milesien, dit qu'elle luy porta la Toison jusques dans son Nauire, & c'est sur son rapport que ie me suis authorisé à changer la fin ordinaire de cette Fable, pour la rendre plus surprenante, & plus merueilleuse. Ie l'aurois esté assez par la liberté qu'en donne la Poësie en de pareilles rencontres, mais j'ay crû en auoir encor plus de droit en marchant sur les pas d'vn autre, que si j'auois inuenté ce changement.

PROLOGVE.

L'HEVREVX Mariage de sa Majesté, & la Paix qu'il luy a plû donner à ses Peuples, ayant esté les motifs de la réjoüissance publique, pour laquelle cette Tragedie a esté preparée, non seulement il estoit iuste qu'ils seruissent de sujet au Prologue qui la precede, mais il estoit mesme absolument impossible d'en choisir vne plus illustre matiere.

L'ouuerture du Theatre fait voir vn Païs ruiné par les guerres, & terminé dans son enfoncement par vne Ville qui n'en est pas mieux traitée. La France y paroit la premiere, suiuie de la Victoire qui s'en est renduë inseparable depuis quelques années. Elle se plaint toutefois à cette Deesse de ce que ses faueurs l'accablent, par la licence que se donnent les Soldats victorieux, qui se croyent tout permis en suite des auantages qu'ils luy font remporter, aux dépens, ou au peril de leur sang. La Victoire conuaincuë de la iustice de ses plaintes par les ruines qui sont deuant ses yeux, n'ose s'offencer des vœux qu'elle fait pour la Paix, mais elle luy donne à craindre la colere de Mars, dont les ordres l'ont comme attachée à ses costez depuis tant de temps, & luy montre ce Dieu au haut du Ciel, où il se fait voir en posture menaçante, vn pied en l'air, & l'autre porté sur son Estoile.

C'est en cet estat qu'il descend à vn des costez du Theatre qu'il trauerse en parlant, & si-tost qu'il a parlé, il remonte au

PROLOGVE.

mefme lieu dont il eſtoit party. Ce mouuement extraordinaire, & qui n'a point eſté veu juſqu'icy ſur nos Theatres, plaira ſans doute aux Curieux, qui ſe ſouuiendront que toutes les Machines qu'ils y ont veuës faire ſortir des Dieux du fond du Ciel, ne les y ont iamais reportez, mais ont eſté remontées en haut par vn mouuement qu'on peut nommer perpendiculaire, au lieu que celle-cy fait faire vn triangle parfait à Mars, en deſcendant, trauerſant le Theatre, & remontant au lieu meſme dont on l'a veu partir.

Auant que de remonter, ce Dieu en colere contre la France luy fait voir la Paix qu'elle demande auec tant d'ardeur, priſonniere dans ſon Palais, entre les mains de la Diſcorde & de l'Enuie, qu'il luy a données pour Gardes. Ce Palais a pour colomnes des canons, qui ont pour baſes des mortiers, & des boulets pour chapiteaux; le tout accompagné pour ornemens, de trompettes, de tambours, & autres inſtrumens de guerre entrelaſſez enſemble, & decoupez à iour, qui ſont comme vn ſecond rang de colomnes. Le Lambris eſt compoſé de Trophées d'armes, & de tout ce qui peut deſigner & embellir la demeure du Dieu des batailles.

Aprés qu'il eſt diſparu, la Paix, bien que priſonniere, conſole la France ſur les menaces qu'il luy a faites, & voicy ce qu'elle luy en dit.

En vain à tes ſoûpirs il eſt inexorable,
Vn Dieu plus fort que luy me va rejoindre à toy,
Et tu deuras bien-toſt ce ſuccez adorable
  A cette Reine incomparable,
Dont les ſoins & l'exemple ont formé ton grand Roy.

PROLOGVE.

Ses tendresses de sœur, ses tendresses de mere,
Peuuent tout sur vn fils, peuuent tout sur vn frere;
Beny, France, beny ce pouuoir fortuné,
Beny le choix qu'il fait d'vne Reine comme elle:
Cent Rois en sortiront dont la gloire immortelle
Fera trembler sous toy l'Vniuers estonné,
Et dans tout l'auenir sur leur front couronné
   Portera l'image fidelle
   De celuy qu'elle t'a donné.

   Ce Dieu dont le pouuoir suprême
Estouffe d'vn coup d'œil les plus vieux differents,
Ce Dieu par qui l'Amour plaist à la vertu mesme,
Et qui borne souuent l'espoir des Conquerants,
   Le blond & pompeux Hymenée,
Prépare en ta faueur l'éclatante journée
   Où sa main doit briser mes fers:
Ces Monstres insolents dont ie suis prisonniere,
Prisonniers à leur tour au fond de leurs Enfers
Ne pourront mesler d'ombre à sa viue lumiere;
   A tes Cantons les plus deserts
   Ie rendray leur beauté premiere,
Et dans les doux torrents d'vne allegresse entiere
Tu verras s'abysmer tes maux les plus amers.

Tu

PROLOGVE.

Tu vois comme déja ces deux hautes Puiſſances,
Que Mars ſembloit plonger en d'eternels diſcords,
Ont malgré ſes fureurs aſſemblé ſur tes bords
   Les ſublimes intelligences
Qui de leurs grands Eſtats meuuent les vaſtes corps.
   Les ſurprenantes harmonies
   De ces miraculeux Genies
Sçauent tout balancer, ſçauent tout ſoûtenir;
Leur prudence eſtoit deuë à cet illuſtre ouurage,
   Et iamais on n'euſt pû fournir
Aux intereſts diuers de la Seine, & du Tage,
Ny Zéle plus ſçauant en l'art de reünir,
Ny ſçauoir mieux inſtruit du commun auantage.

 Par ces organes ſeuls ces dignes Potentats
   Se font eux-meſmes leurs Arbitres,
Aux conqueſtes par eux ils donnent d'autres tîtres,
   Et des bornes à leurs Eſtats.
Quelques autres efforts que pour rompre mes chaiſnes
L'Vniuers ait veu faire aux plus puiſſantes mains,
Le ſuccez va montrer qu'aprés toutes leurs peines,
Des Aſtres irritez les aſpects inhumains
Vouloient pour s'adoucir la Pourpre des Romains,
Et ce que leur couroux à tant d'efforts enleue
   Ton fameux Cardinal l'acheue.

C

PROLOGVE,

Voy cette ame intrepide, à qui tu dois l'honneur
D'auoir eu la Victoire en tous lieux pour compagne,
 Auec le grand Demon d'Espagne
De l'vn & l'autre Estat concerter le bon-heur.
Ce Dieu mesme qu'attend ma longue impatience
N'a droit de m'affranchir que par leur Conference,
Sans elle son pouuoir seroit mal reconnu :
Mais enfin ie le voy, leur accord me l'enuoye.
 France, ouure ton cœur à la joye,
Et vous, Monstres, fuyez, ce grand iour est venu.

Comme elle acheue de parler, l'Hymenée se presente couronné de fleurs, portant en sa main droite vn dard semé de lys & de roses, & en la gauche vn bouclier sur lequel est le Portrait de la Reine. A la veuë de ce Portrait, la Discorde & l'Enuie trebuschent dans les Enfers, & les chaisnes qui tenoient la Paix prisonniere, luy tombent des mains. Se voyant libre, elle prie ce Dieu d'acheuer ses graces, & de la faire descendre en terre, où les Peuples la souhaitent auec tant de passion. L'Hymenée commande aux Amours ses Ministres, de prester leurs aisles à l'vn & à l'autre, pour executer ce dessein ; & soudain quatre Amours viennent à eux, qui les apportent en terre, & reuolent aussi-tost au Ciel, premierement de droit fil tous quatre ensemble, & puis en se separant deux à deux par vn mouuement oblique, & se retirant au mesme lieu d'où ils sont descendus.

Vn Chœur de Musique chante ces vers tandis qu'ils descendent.

PROLOGUE.

Descens, Hymen, & raméne sur Terre
Les delices auec la Paix,
Descens, objet diuin de nos plus doux souhaits,
Et par tes feux esteins ceux de la Guerre.

Aprés qu'on a cessé de chanter, la France fait ses conjoüissances à la Paix, qui l'exhorte à n'estre pas ingrate vers cette grande Princesse, dont les regards fauorables sont cause de sa liberté, & du bon-heur qu'elle en attend. Elle l'inuite à luy preparer pour reconnoissance quelques spectacles pompeux, par vn effort extraordinaire de ce grand Art, où elle a de si belles lumieres. La France s'en excuse d'abord sur son impuissance, qui ne permet pas des spectacles de cette nature, au milieu de tant de ruines. Mais cet obstacle est leué tout à l'heure par l'Hymenée, qui presentant le Portrait de la Reine aux deux costez du Theatre, en fait changer les débris en vn Iardin aussi magnifique que surprenant, qui sert de décoration au Premier Acte.

ACTE PREMIER.

CE grand Iardin qui en fait la Scene, est composé de trois rangs de Cyprés, à costé desquels on voit alternatiuement en chaque chassis, des Statuës de marbre blanc à l'antique, qui versent de gros jets d'eau dans de grands bassins, soûtenus par des Tritons qui leur seruent de piedestal, ou trois vases qui portent, l'vn des orangers, & les deux autres diuerses fleurs en confusion, champtournées, & decoupées à iour. Les ornemens de ces vases & de ces bassins sont rehaussez d'or,

PROLOGVE.

& ces Statuës portent sur leurs testes des corbeilles d'or treillissées, & remplies de pareilles fleurs. Le Theatre est fermé par vne grande arcade de verdure, ornée de festons de fleurs, auec vne grande corbeille d'or sur le milieu, qui en est remplie comme les autres. Quatre autres arcades qui la suiuent composent auec elle vn berceau, qui laisse voir plus loin vn autre Iardin de Cyprés meslez de quantité d'autres Statuës à l'antique, & la Perspectiue du fond borne la veuë par vn parterre encor plus esloigné, au milieu duquel s'esleue vne fontaine auec diuers autres jets d'eau, qui ne font pas le moindre agrément de ce spectacle.

Chalciope & Medée sa sœur y paroissent les premieres, & s'entretiennent de la deffaite de Persés & des Scytes, par le secours des Argonautes : de là tombant sur les deuoirs que Iason rend à Medée, & la complaisance qu'elle a pour luy, Chalciope l'aduertit qu'il se prepare au retour, si-tost qu'il aura obtenu du Roy vne grace qu'il luy veut demander ; surquoy elle luy aduouë que cette grace n'est autre qu'elle mesme, & l'adueu du Roy pour son mariage.

Le Roy vient auec le Prince Absyrte son fils, & aprés auoir exaggeré l'importance du seruice qu'il a receu de Iason & de ses compagnons, & le besoin qu'il a de leur valeur pour conseruer la Toison d'or, dont dépend le destin de son Estat, il demande à Medée si elle n'a point quelques charmes assez forts pour les arrester en son Royaume. Absyrte, sans donner le temps à sa sœur de répondre, luy propose le mariage de cette Princesse auec Iason, comme vn moyen infaillible de l'empescher de partir. Le Roy l'approuue, & comme Iason se presente suiuy de Zethez, Calaïs, Orphée, &

beaucoup

PREMIER.

beaucoup d'autres. Le Roy l'ayant enhardy à luy demander vne recompenfe de fes feruices, dans la croyance qu'il luy demanderoit Medée, dont Abfyrte luy auoit dit qu'il eftoit amoureux, & s'eftant engagé par ferment à ne luy refufer rien; il demeure fort furpris, & cette Princeffe fort confufe, lors que contre l'attente de l'vn & de l'autre, Iafon luy demande la Toifon d'or. Il fait fes efforts pour luy faire changer de deffein, & n'eftre pas l'autheur de fa ruine, aprés l'auoir fi bien fecouru: Iafon ne veut pas que ce qu'en a dit l'Ombre de Phryxus merite aucune foy, & preffe fi bien le Roy de luy tenir parole, & ne violer pas fon ferment, qu'il le reduit à fe retirer en colere, aprés luy auoir dit qu'il ne peut que luy permettre de fe faifir luy-mefme de la Toifon, s'il peut triompher des Monftres qui la gardent, & donné ordre à Medée de luy apprendre quels font les perils où il s'engage.

Medée tâche à luy faire peur des Taureaux qu'il luy faut dompter, des Genfdarmes qu'il luy faut deffaire, & du Dragon qu'il luy fait vaincre, & le quitte aprés luy auoir protefté qu'elle va redoubler leur fureur par la force de fes charmes.

Iafon & fes compagnons confus de voir les difficultez, ou pluftoft l'impoffibilité de reüffir en leur deffein, voyent defcendre Iris fur vn Arc en Ciel. Cette veuë leur donne efperance que Iunon, dont cette Nymphe eft meffagere, ne leur refufera pas fon fecours dans de fi grands perils. Orphée l'en conjure au nom de tous par cet Hymne qu'il chante.

ACTE
Femme & sœur du Maistre des Dieux,
De qui le seul regard fait nos destins propices,
Nous as-tu jusqu'icy guidez sous tes auspices,
Pour nous voir perir en ces lieux ?
Contre des bras mortels tout ce qu'ont pû les armes,
Nous l'auons fait dans les combats,
Contre les Monstres & les charmes
C'est à toy maintenant de nous prester ton bras.

Iris les asseure en suite que le secours de Iunon & de Pallas ne leur manquera point, & qu'elles vont toutes deux leur confirmer ce qu'elle dit. Surquoy on voit ces deux Deesses chacune dans son Char, dont l'vn est tiré par des Paons, & l'autre par des Hibous. Toutes deux leur apprennent que le succez de leur entreprise dépend de l'amour de Medée pour Iason, & qu'ils n'en viendront iamais à bout si elle n'est de leur party. Iunon adjouste que pour l'y réduire elle va descendre en terre, & y prendre le visage & la forme de sa sœur Chalciope; & Pallas, qu'elle va les proteger au Ciel contre les Dieux du party contraire, & soudain en mesme temps, on voit Iunon descendre, Pallas remonter, & Iris disparoistre, & les Argonautes ayant repris de nouuelles esperances sur ces promesses, se retirent pour aller sacrifier à l'Amour, de qui dépend toute leur fortune.

ACTE SECOND.

LA Riuiere du Phase & le Païsage qu'elle trauerse en font la decoration. On voit tomber de gros torrents des Rochers qui luy seruent de riuages, & l'esloignement qui borne la veuë, presente aux yeux diuers costaux, dont cette campagne est enfermée.

Iunon sous le visage & l'habit de Chalciope tire Iason à part sur les bords de ce Fleuue, & aprés luy auoir appris ce qu'elle a déja gagné sur l'esprit de Medée à la faueur de ce déguisement, elle luy raconte qu'Hypsipile impatiente de le reuoir s'estoit mise sur la Mer pour le suiure, & qu'y ayant fait naufrage, Neptune l'auoit receuë dans son Palais, & la luy alloit renuoyer pour trauerser ses amours auec Medée, & empescher que son retour en Thessalie, aprés la conqueste de la Toison, ne deuinst funeste pour Pelie son fils. Elle l'exhorte à ne perdre point de temps, & à faire tous ses efforts à regagner tout-à-fait Medée, & emporter la Toison auant l'arriuée de cette Amante.

Medée entre sous pretexte de chercher sa sœur, & quelque ressentiment dont elle soit animée contre Iason, ce Prince adroit agit si bien auec l'aide de Iunon, qu'il l'adoucit: mais comme elle est preste à se rendre, Absyrte son frere interrompt leur discours, pour leur faire part du rauissement que luy a donné ce qu'il a veu s'auancer vers eux sur le Phase, & en mesme temps on voit sortir de ce Fleuue le Dieu Glauque, auec deux Tritons & deux Sirenes, qui chantent ces paroles, cependant qu'vne grande Conque de Nacre, semée de branches de coral, & de pierres precieuses, portée par quatre Dauphins, & soûtenuë par quatre Vents en l'air, vient insensiblement s'arrester au milieu de cette mesme riuiere. Voicy donc ce que chantent les Sirenes.

Telle Venus sortit du sein de l'onde,
Pour faire regner dans le Monde
Les Ieux & les appas, les Graces & l'Amour,
Telle tous les matins l'Aurore,
Sur le sein émaillé de Flore
Verse la rosée & le iour.

Tandis qu'elles chantent, le deuant de cette Conque merueilleuse fond dans l'eau, & laisse voir la Reine Hypsipile assise comme dans vn Trône. Sa premiere veuë frappe le cœur d'Absyrte, & soudain Glauque commande aux Vents de s'enuoler, aux Tritons & aux Sirenes de disparoistre, au Fleuue de retirer vne partie de ses eaux pour laisser prendre terre à Hypsipile, & à Iason de rallumer ses feux pour cette Reine de Lemnos, que Neptune luy renuoye comme le seul objet qui soit digne de son amour. Les Tritons, le Fleuue, les Vents & les Sirenes obeïssent, & Glauque se perd luy-mesme au fond de l'eau si tost qu'il a parlé. Absyrte donne la main à Hypsipile, pour sortir de cette Conque qui s'abysme aussi-tost dans le Fleuue : le seul Iason demeure immobile, & pressé par elle de luy parler, il luy aduouë qu'il n'a plus d'yeux que pour Medée. Cette Princesse ne laisse pas d'en prendre jalousie, & par vne nouuelle colere elle le quitte comme vn volage, qui ne merite pas qu'elle en fasse estat. Iason la suit par le conseil de Iunon, qui les va rejoindre vn
moment

moment aprés, & Abſyrte demeuré ſeul auec Hypſipile, luy fait ſes premieres offres de ſeruice, & tâche de luy faire conceuoir la grandeur d'vn amour qui vient de naiſtre. Elle ſe deffend ſur la préoccupation de ſon cœur pour cet inconſtant dont elle ſe voit abandonnée, & prie ce Prince de la conduire au Roy pour luy en faire ſes plaintes. Il veut l'en diſſuader, mais enfin il obeït, & tous deux enſemble le vont trouuer dans ſon Palais.

ACTE TROISIE'ME.

NOs Theatres n'ont encor rien fait paroiſtre de ſi brillant, que le Palais du Roy Aæte, qui ſert de Decoration à cet Acte. On y voit de chaque coſté deux rangs de colomnes de Iaſpe torſes, & enuironnées de pampres d'or à grands fueillages, champtournées, & decoupées à iour, au milieu deſquelles ſont des Statuës d'or à l'antique de grandeur naturelle. Les friſes, les feſtons, les corniches, & les chapiteaux ſont pareillement d'or, & portent pour finiſſements des vaſes de porcelaine, d'où ſortent de gros bouquets de fleurs au naturel. Les baſes & les piedeſtaux ſont enrichis de baſſes tailles, où ſont peintes diuerſes Fables de l'Antiquité. Vn grand portique doré, ſoûtenu par quatre autres colomnes dans le meſme ordre, fait la face du Theatre, & eſt ſuiuy de cinq ou ſix autres de meſme maniere, qui forment par le moyen de ces colomnes comme cinq galleries, où la veuë s'enfonçant découure ce meſme jardin de Cyprés qui a paru au premier Acte.

Le Roy entre le premier ſuiuy de Iaſon qui vient de luy

E

demander Medée en mariage, & la Toifon pour dot. Ce Monarque irrité le renuoye à la Reine Hypfipile, & luy commande d'écouter les plaintes qu'elle luy veut faire de fon infidelité.

Hypfipile que le Roy laiffe auec Iafon, le reduit à luy avoüer que toute la tendreffe de fon cœur eft pour elle, & qu'il ne s'attache à Medée, que par la confideration du befoin qu'il en a pour emporter la Toifon, fans laquelle, ny luy, ny aucun de fes compagnons ne peut retourner en Grece, qu'il n'y perde la tefte. Medée interrompt leurs difcours, & fi-toft que Iafon la voit, il fe retire tout confus de ce qu'il vient de dire, & faifi d'vne iufte apprehenfion qu'elle ne l'aye écouté.

Ces deux riuales jaloufes l'vne de l'autre commencent vn entretien piquant, qui fe termine en querelle, que Medée fait éclater, par vn changement de ce Palais doré en vn Palais d'horreur, où tout ce qu'il y a d'épouuantable en la Nature fert de Termes. L'Elephant, le Rhinocerot, le Lion, l'Once, les Tigres, les Leopards, les Pantheres, les Dragons, les Serpents, tous auec leurs Antipathies à leurs pieds, y lancent des regards menaçans. Vne grotte obfcure borne la veuë, au trauers de laquelle l'œil ne laiffe pas de decouurir vn éloignement merueilleux que fait la Perfpectiue. Quatre Monftres aiflez, & quatre rampants enferment Hypfipile. Cette Reine demeurée feule parmy tant d'objets épouuantables, & pleine du defefpoir où la jette l'infidelle Politique de Iafon, s'offre à mourir, & preffe ces Monftres de la deuorer; puis tout à coup fe remettant en l'efprit que ce feroit fe facrifier à fa riuale, elle leur crie qu'ils n'auancent pas. Cette deffence qu'elle leur fait est repetée par vne voix cachée, qui chante ces paroles.

Monstres, n'auancez pas, vne Reine l'ordonne,
Respectez ses appas,
Suiuez les loix qu'elle vous donne,
Monstres, n'auancez pas.

Les Monstres s'arrestent en mesme temps, & comme Hypsipile ne sçait à qui attribuer vne protection si surprenante, la mesme voix adjouste.

C'est l'Amour qui fait ce miracle,
Et veut plus faire en ta faueur:
N'y mets donc point d'obstacle,
Aime qui t'aime, & donne cœur pour cœur.

Soudain vne nuée descend en terre, & s'y separant en deux ou trois, qui se perdent en diuers endroits du Theatre, elle y laisse le Prince Absyrte qui en estoit enuelopé. Ce Prince amoureux commande à ces Monstres de disparoistre, ce qu'ils font aussi-tost, les vns en s'enuolant, & les autres en fondant sous terre. Aprés quoy il donne la main à cette Reine effrayée, pour sortir d'vn lieu si dangereux pour elle.

ACTE QVATRIE'ME.

CE Theatre horrible fait place à vn plus agreable. C'eſt le Deſert, où Medée a de couſtume de ſe retirer, pour faire ſes enchantemens. Il eſt tout de Rochers, qui laiſſent ſortir de leurs fentes quelques filaments d'herbes rampantes, & quelques arbres moitié verds & moitié ſecs. Ces Rochers ſont d'vne pierre blanche & luiſante, de ſorte que comme l'autre Theatre eſtoit fort chargé d'ombres, le changement ſubit de l'vn à l'autre fait qu'il ſemble qu'on paſſe de la nuit au iour.

Medée y paroiſt ſeule dans vne profonde réuerie; Abſyrte l'aborde, à qui elle demande conte du ſuccez de leur artifice, & fait par là connoiſtre aux Spectateurs que toute cette épouuante du troiſiéme Acte n'eſtoit qu'vn jeu concerté entr'eux, afin qu'Hypſipile, croyant eſtre obligée de la vie à ce Prince, receuſt plus fauorablement ſon amour, & ne diſputaſt plus le cœur de Iaſon à cette Princeſſe. Cet Amant luy apprend que ſon ſecours ineſperé n'a produit en cette Reine que des ſentimens de reconnoiſſance, qui ne vont point juſqu'à l'amour, & luy demande vn charme aſſez fort pour emporter ſon cœur tout-à-fait. Medée luy adouë que le pouuoir de ſon Art ne s'eſtend point juſques-là, & aprés luy auoir promis de le ſeruir, elle le congedie en le priant de luy enuoyer ſa ſœur Chalciope.

Attendant qu'elle vienne elle s'entretient ſur le peril où l'expoſe l'amour d'vn volage, qui pourra ne luy eſtre pas plus fidelle, qu'à Hypſipile. Chalciope, ou pluſtoſt Iunon ſous ſon

QVATRIE'ME.

visage, vient l'entretenir, & luy exaggere l'obligation qu'elle a à Iason, de l'auoir si hautement preferée à Hypsipile, en sa presence mesme. Elle adjouste que ses dédains ne peuuent seruir, qu'à le reünir auec cette riuale, & se retire le voyant arriuer. Medée luy fait des reproches de tout ce qu'il a dit d'obligeant à Hypsipile, soit qu'elle l'eust entendu, soit qu'elle l'eust sçeu par le moyen du charme. Iason luy répond qu'elle ne doit pas s'alarmer d'vne ciuilité, qu'il n'a pû refuser à la dignité d'vne Reine qu'il abandonne pour elle, & continuë à luy demander la Toison, où sa gloire est attachée, auec le salut de tous ses compagnons. Medée luy replique qu'elle veut bien prendre soin de sa gloire, & luy donne dequoy vaincre les Taureaux & les Gensdarmes, à la charge qu'il laissera combatre le Dragon aux autres. Iason veut la grace entiere, & Medée le quitte en colere de ce qu'il exige tout d'elle, & ne veut rien laisser en son pouuoir.

Iunon le rejoint, estonnée comme luy des menaces auec lesquelles Medée s'en est separée. Elle se plaint de ce que l'Amour ne luy tient pas ce qu'il luy auoit promis en sa faueur, & luy apprend que les Dieux s'assemblent chez Iuppiter, pour resoudre le destin de cette journée. Surquoy le Ciel de Venus s'ouure, qui fait voir le Palais de cette Deesse, où l'Amour paroist seul, & dit à Iunon, que pour luy tenir parole, il s'en va montrer à cette assemblée des Dieux, qu'il est leur maistre quand il luy plaist. Il finit en commandant à Iason d'obeïr à Medée, & de luy laisser le soin du reste, & s'élance aussi-tost en l'air, qu'il trauerse, non pas d'vn costé du Theatre à l'autre, mais d'vn bout à l'autre. Les curieux qui voudront bien considerer ce vol, le trouuent assez extraordinaire, & ie ne me souuiens point d'en auoir veu de cette maniere. Aprés que l'Amour a disparu, Iason reprend courage, & sort auec Iunon pour rejoindre Medée, & rendre vne soûmission entiere à ses volontez.

ACTE CINQVIE'ME.

LA forest de Mars y fait voir la Toison sur vn arbre qui en occupe le milieu. Le Dragon ne s'y montre point encor, parce que le charme de Circé, qui l'en a fait gardien, le reserue pour s'opposer aux rauisseurs, & ne veut pas qu'il épouuante ceux qui ne sont amenez-là, que par la curiosité de voir cette precieuse dépoüille. C'est ce qu'Absyrte apprend à Hypsipile, & reçoit d'elle de nouuelles protestations de reconnoissance, pour le seruice qu'il luy a rendu, auec vn adueu qu'elle ne peut se donner à luy, que Iason ne se soit donné à vn autre, & luy ait montré l'exemple d'vn changement irreuocable. Le Roy les aborde, tout épouuanté de la victoire, que ce Heros vient de remporter sur les Taureaux & les Gensdarmes, & témoigne peu de confiance au Dragon, qui reste seul à vaincre. Il attribuë ces effets prodigieux à des charmes qu'Hypsipile luy prestez, & qu'il croit plus sçauante en ce grand Art que Medée, veu la maniere toute miraculeuse dont elle a pris terre à Colchos. Cette Reine rejette sur sa Riuale ce qu'il luy impute, & presse Iason qu'elle voit venir d'en aduoüer la verité. Iason, sans vouloir éclaircir cette matiere, demande au Roy la permission d'acheuer, & s'auance vers la Toison pour la prendre. Medée paroist aussi-tost sur le Dragon volant, esleuée en l'air à la hauteur d'vn homme, &

CINQVIE'ME. 23

s'eſtant ſaiſie de cette Toiſon, elle preſente le combat à ce Heros, qui met bas les armes deuant elle, & aime mieux renoncer à ſa conqueſte, que de luy déplaire. Aprés cette déference il ſe retire, & Zethez & Calaïs qui l'auoient ſuiuy, entreprennent le combat en ſa place, & s'élancent tout d'vn temps dans les nuées, pour fondre de là ſur le Dragon. Medée les braue, & s'eſleue encor plus haut pour leur épargner la peine de deſcendre, cependant qu'Orphée les encourage par cet Air qu'il chante.

Haſtez-vous, enfans de Borée,
Demidieux, haſtez-vous,
Et faites voir, qu'en tous lieux, contre tous,
A vos exploits la Victoire aſſeurée
Suit l'effort de vos moindres coups.

Cette chanſon d'Orphée ne fait point paroiſtre les Argonautes aiſlez, & Medée en prend occaſion de le railler de ce que ſa voix ne porte point juſqu'à eux, puiſqu'elle ne les fait point deſcendre : mais ces Heros ſe montrant ſur la fin de ſa raillerie, Orphée chante cet autre couplet, tandis qu'ils combatent.

Combatez, race d'Orithie,
Demidieux, combatez,
Et faites voir que vos bras indomptez
Se font par tout vne heureuſe ſortie
Des perils les plus redoutez.

L'Art des Machines n'a rien encor fait voir à la France de

plus beau, ny de plus ingenieux que ce combat. Les deux Heros aiflez fondent fur le Dragon, & fe releuant auffi-toft qu'ils ont tâché de luy donner vne atteinte, ils tournent face en mefme temps pour reuenir à la charge. Medée eft au milieu des deux, qui pare leurs coups, & fait tourner le Dragon vers l'vn & vers l'autre, fuiuant qu'ils fe prefentent. Iufqu'icy nous n'auons point veu de vols fur nos Theatres, qui n'ayent efté tout-à-fait de bas en haut, ou de haut en bas, comme ceux d'Andromede; mais de defcendre des nuës au milieu de l'Air, & fe releuer auffi-toft fans prendre terre, joignant ainfi les deux mouuements, & fe retourner à la veuë des Spectateurs, pour recommencer dix fois la mefme defcente, auec la mefme facilité que la premiere; ie ne puis m'empefcher de dire qu'on n'a rien encor veu de fi furprenant, ny qui foit executé auec tant de iuftefle.

Le combat fe termine par la fuite des Argonautes, & la retraite d'Orphée. Le Roy rauy de voir que Medée l'a fi bien feruy, luy en fait fes remercîmens, & l'inuite à defcendre pour l'embraffer. Cette Princeffe s'en excufe, fur ce qu'elle veut aller combatre, & vaincre ces ambitieux jufques dans leur Nauire. Le Roy voyant qu'elle continuë à s'efleuer toûjours plus haut auec la Toifon qu'elle emporte, commence à la foupçonner de quelque perfidie, & elle luy aduouë que les Dieux de Iafon font plus forts que les fiens, & qu'elle le va rejoindre dans fon Vaiffeau, où fa fœur Chalciope l'attend auec fes fils. Si-toft qu'elle eft difparuë, Iunon fe montre dans fon chariot, & aprés auoir defabufé le Roy touchant Chalciope, dont elle a pris le vifage, pour mieux porter Medée à ce qu'elle vient de faire, elle remonte au Ciel pour en

obtenir

obtenir l'adueu de Iuppiter. Le Roy au defefpoir, implore le fecours du Soleil fon pere, dont on voit s'ouurir le Palais lumineux, & ce Dieu fortir dans fon Char tout brillant de lumiere. Il s'efleue en haut pour demander en faueur de fon fils la protection de Iuppiter, & vn autre Ciel s'ouure au deffus de luy, où paroift ce maiftre des Dieux fur fon Trône, & Iunon à fon cofté. Ces trois Theatres qu'on voit tout d'vne veuë, font vn fpectacle tout-à-fait agreable & majeftueux. La fombre verdure de la foreft épaiffe qui occupe le premier, fait paroiftre d'autant plus la clarté des deux autres, par l'oppofition de fes ombres. Le Palais du Soleil qui fait le fecond, a fes colomnes toutes de clincant, & fon lambris doré auec diuers grands fueillages à l'Arabefque. Le rejalliffement des lumieres qui portent fur ces dorûres, produit vn iour merueilleux, qu'augmente celuy qui fort du Trône de Iuppiter, qui n'a pas moins d'ornements. Les marches ont aux deux bouts & au milieu des Aigles d'or, entre lefquelles on voit peintes en baffe taille toutes les amours de ce Dieu. Les deux coftez font voir chacun vn rang de piliers enrichis de diuerfes pierres precieufes, enuironnées chacune d'vn cercle, ou d'vn quarré d'or. Au haut de ces piliers font d'autres grands Aigles d'or, qui foûtiennent de leur bec le plat fond de ce Palais, compofé de riches eftoffes de diuerfes couleurs, qui font comme autant de courtines, dont les Aigles laiffent pendre les bouts en forme d'efcharpes. Iuppiter affis en fon Trône a vn autre grand Aigle à fes pieds, qui porte fon foudre, Iunon eft à fa gauche auec vn Paon auffi à fes pieds, de grandeur & de couleur naturelle. C'eft en cet eftat que ce maiftre des Dieux répond à la priere que luy

G

fait le Soleil, & luy dit que l'Arreſt du Deſtin eſt irreuocable, & qu'Aæte ayant perdu la Toiſon doit perdre auſſi ſon Royaume, mais pour l'en conſoler, il ordonne à Hypſipile d'épouſer Abſyrte, & à ce Roy d'aller paſſer ce temps fatal dans ſon Iſle de Lemnos. Il adjouſte qu'il doit ſortir de Medée vn Medus qui le reſtablira en ſes Eſtats, & fondera l'Empire des Medes. Aprés cet Oracle prononcé, le Palais de Iuppiter ſe referme, le Soleil va continuer ſa courſe, & le Roy, Abſyrte, & Hypſipile ſe retirent, pour aller executer les ordres qu'ils ont receus.

Voilà quelques legeres idées de ce que l'on verra dans cette Piece, que ie nommerois la plus belle des miennes, ſi la pompe des vers y répondoit à la dignité du ſpectacle. L'œil y découurira des beautez que ma plume n'eſt pas capable d'exprimer, & la ſatisfaction qu'en remportera le Spectateur, l'obligera à m'accuſer d'en auoir trop peu dit dans cet auant-gouſt que ie luy donne.

F I N.

EXTRAIT DV PRIVILEGE DV ROY.

PAR Lettres Patentes du Roy données à Paris le 27. Ianuier 1661. Signées, CONRART : Il est permis à AVGVSTIN COVRBE' Marchand Libraire en la Ville de Paris, de faire imprimer, vendre & debiter en tous les lieux de l'obeïssance de sa Majesté, vne Tragedie composée par PIERRE CORNEILLE, intitulée *La Conqueste de la Toison d'Or*, Auec les *desseins de ladite Piece*, en telles marges & tels caracteres, en vn ou plusieurs Volumes, & autant de fois qu'il voudra, durant dix ans entiers, à compter du iour que ladite Tragedie sera acheuée d'imprimer pour la premiere fois. Auec deffences à toutes personnes de quelque qualité & condition qu'elles soient, de l'imprimer, vendre & debiter, sous quelque pretexte que ce soit, pendant ledit temps, sans le consentement dudit COVRBE', ou de ceux qui auront son droit, à peine de deux mil liures d'amende, de confiscation des Exemplaires contrefaits, & de tous dépens, dommages & interests, comme il est porté plus au long par lesdites Lettres Patentes, à l'Extrait, & aux Coppies collationnées, ausquelles sa Majesté veut que foy soit adjoûtée, comme à l'Original. Et seellées du grand sceau de cire jaune sur simple queuë.

Et ledit Courbé a associé, pour moitié, au present Priuilege Guillaume de Luyne, aussi Marchand Libraire, suiuant l'accord fait entr'eux.

Acheué d'imprimer pour la premiere fois, le 31. Ianuier 1661, à ROVEN, par LAVRENS MAVRRY.

Les Exemplaires ont esté fournis, ainsi qu'il est porté par ledit Priuilege.

Registré sur le Liure de la Communauté le 28. Ianuier 1661, conformément à l'Arrest du Parlement du 9. Auril 1653. Signé, IOSSE, Syndic.

www.ingramcontent.com/pod-product-compliance
Lightning Source LLC
Chambersburg PA
CBHW060919050426
42453CB00010B/1821